Das Fischbuch für Kinder

Das Fischbuch für Kinder

Der Goldfisch Till

Michael Pötscher

AquaTech
Publications

Impressum

Text & Illustration: Michael Pötscher
Cover & Layout: Martin Hochleithner

AquaTech Publications
Unterbrunnweg 3
6370 Kitzbühel, Österreich

http://www.aqua-tech.eu
http://www.aquaculture-com.net

Hergestellt in Deutschland:
Books on Demand GmbH

ISBN: 978-3-902855-34-3

Inhalt

Die Ankunft 8
Die Freundschaft 10
Die Gemeinschaft 12
Die Bekanntschaft 14
Die Unterkunft 16
Der Haifisch 18
Der Tintenfisch 20
Der Schmetterling 22
Das Pizzastück 24
Das Fischernetz 26
Der Seehund 28
Der Seestern 30
Die Gitarre 32
Das Buch 34
Die Einladung 36
Die Gesundheit 38
Das Gummiboot 40
Die Urlaubsparty 42
Die Lieblingsspeise 44

Die Seepferdchen 46
Die Kaulquappen 48
Der Traum 50
Die Blume 52
Die Tränen 54
Der Handschuh 56
Das Kaffeekränzchen 58
Die Staumauer 60
Der Müllhaufen 62
Der Apfel 64
Der Teddybär 66
Die Meerjungfrau 68
Das Wasserschloss 70
Die Überraschung 72
Das Herzklopfen 74
Das Wiedersehen 76
Die Liebe 78
Die Hochzeit 80
Die Kinder 82
Das Glück 84
Das Ende 86

Die Ankunft

Mit einem alten Segelschiff aus dem Fernen Osten, aus China, kam einmal ein kleiner Goldfisch an, der Till genannt wurde.

Till war in einer engen Glaskugel gefangen und wurde auf der langen Reise hin und her geschaukelt.

In der Hand eines kleinen Jungen - ups - fiel dem Jungen die Glaskugel aus der Hand und ins Wasser.

So landete Till in der tiefen See und schwamm voller Freude in die große weite Welt hinaus.

Die Freundschaft

Fröhlich hin und her schwimmend, kam er plötzlich bei einem grauen Felsen an - uii - da hat er sich doch leicht erschrocken.

Denn der Platz war schon besetzt, von einer alten Forelle namens Frida. Ganz schnell schlossen die beiden Freundschaft.

Und so sind Till und Frida nun gemeinsam unterwegs, in Richtung der roten Abendsonne.

Die Gemeinschaft

Heute werden Till die anderen Mitbewohner vorgestellt. „Es sind viele", sagt Frida zu ihm.

„Da ist der glatte Aal, der am Boden lebt. Der dicke Wels, der einen Bart hat. Der flotte Hecht, der scharfe Zähne hat. Der bunte Barsch, der spitze Stacheln hat. Der schöne Stör, der Platten am Körper hat. Und natürlich ich, die alte Forelle, Frida. Aber es gibt auch noch mehr von uns."

„Das sind ja wirklich viele", sagt Till. „Ja", meint Frida, „wir sind eine große Gemeinschaft und leben alle friedlich zusammen. Zumindest versuchen wir das."

Die Bekanntschaft

Wiedermal ein schöner, sonniger Tag, Till schwamm fröhlich und mit bester Laune in Richtung Norden.

Plötzlich sah er einen abgesonderten Teich am Ufer. Er sprang hoch und sah zwei prächtige Buntkarpfen, zwei Koi, dort stolz hin und her schwimmen.

„Ja - was macht ihr denn da?" fragte Till. „Wir sind da um bestaunt zu werden", antworteten die beiden.

„Oh" - sagte Till. „Dann kann ich euch ja öfters besuchen kommen." Und so freute sich Till schon auf den nächsten Besuch bei seinen neuen Bekannten.

Die Unterkunft

Heute hat Frida eine neue Höhle als Unterkunft gefunden, was Till sehr erfreute.

„Die ist ja viel größer als die alte Höhle, da können wir jetzt auch viel mehr Freunde einladen als zuvor", rief Till begeistert.

„Ja - natürlich", sagte Frida. „Du kannst schon eine Einweihungsfeier planen."

Till erzählte Frida noch stundenlang seine Pläne zur Feier, sodass er gar nicht merkte wie die Zeit verging und Frida schon vor Müdigkeit die Augen zufielen, so sagte Till schließlich: „Gute Nacht!"

Der Haifisch

Früh morgens war es, beide sind noch nicht so richtig wach. Wer schwimmt denn da vorbei? Mit bösem Blick, offenem Mund und großen, weißen Zähnen!

„Ein Hai, ein Hai", rufen beide und warten zitternd hinter einem Felsen, dass der Hai sie ja nicht entdecke.

Huu - nochmal Glück gehabt. Der blaue Hai hat in der Ferne etwas anderes, eine Ente, gesehen und ist vorbei geschwommen.

Gott sei Dank, der gefährliche Hai kam nicht mehr zurück. So konnten Till und Frida den Tag nun endlich beginnen.

Der Tintenfisch

Die Tage vergingen, einer schöner als der andere. Till und Frida tauchten gerade um die Wette.

Auf einmal sind sie vor einem gesunkenen Schiff, das schon einhundert Jahre auf dem Grund lag.

Die beiden schwammen durch die Fenster und den Rumpf des Schiffes, doch plötzlich wurde es ganz dunkel.

Ein riesiger Tintenfisch, ein Oktopus, blickte zu ihnen herunter. Doch sie sahen, dass seine Augen zu waren und er schlief.

So konnten Till und Frida sofort nach Hause schwimmen.

Der Schmetterling

Am nächsten Tag war Till schon früh alleine unterwegs. Er tobte im Wasser und sprang in die Luft.

Da sah er einen roten Schmetterling, der ganz laut rief: „Pass auf und halte dich fern von Netzen und Menschen, sonst wirst du gefangen!"

Tatsächlich schwamm er gerade auf ein großes Netz zu. Haa - knapp konnte er noch ausweichen.

Fröhlich sprang Till hoch und konnte sich noch mit einem lauten „Danke" für den hilfreichen Hinweis beim Schmetterling bedanken.

Das Pizzastück

Heute hat Till was ganz besonderes entdeckt. Die Zunge hing ihm schon weit aus dem Mund heraus.

Ein Stück Pizza schwamm da vor ihm. „Ahh - lecker", dachte sich Till. Der erste Bissen und Till fühlte sich wie im Himmel.

„Das Pizzastück ist ja groß genug", dachte sich Till, „da kann ich der Frida etwas davon mitbringen. Die freut sich ganz bestimmt auch darüber."

Und so war es dann auch, denn Frida bedankte sich ganz herzlich bei Till und sagte: „Das ist sehr nett von dir."

Das Fischernetz

Oje - jetzt ist es doch passiert! Till hat nicht aufgepasst und sich in einem Fischernetz verfangen.

Er hat große Angst und fragt sich ob er da jemals wieder lebend heraus kommt.

Doch ein brauner Krebs hat es gesehen und hilft ihm heraus, indem er das Netz mit seinen starken Scheren zerschneidet.

„Vielen Dank für die große Hilfe", sagt Till zum Krebs und ist sehr froh, dass er aus dieser gefährlichen Lage doch noch entkommen konnte.

Der Seehund

„Hallo“, rief Till als er einen kleinen, braunen Hund am Ufer sah. Till fragte ihn: „Wie heißt du denn, bis du ein Seehund?“

Mit tiefer Stimme rief er zurück: „Charly heiße ich! Ich bin kein Seehund, habe aber so einen Durst da ich gerade eine Biene verschluckt habe.“

Till dachte sich „oje – hoffentlich hat ihn die Biene nicht gestochen.“ Er wollte ihm gerade Wasser anbieten.

Doch bevor Till antworten konnte, war Charly schon wieder verschwunden, denn der hatte es eilig.

Der Seestern

Heute feiert Till seinen Geburtstag. Viele bunte Luftballons schwimmen im Wasser herum.

„Ohh - wie schön“, dachte sich Till. „Wer war das wohl?“

Der Seestern hat das gemacht, den er vor ein paar Tagen mal kurz getroffen hatte. Und da ist er auch schon und gratuliert ganz herzlich.

Auch Frida war mit dabei. Sie feierten noch den ganzen Tag, bis Till schließlich müde wurde und es Zeit war ins Bett zu gehen.

Die Gitarre

Tja - was liegt denn da im Wasser? Eine große, braune Gitarre!

Till und Frida konnten sich nicht mehr daran erinnern, dass zur Feier gestern noch jemand vorbeigekommen sei. Womöglich hat irgendjemand noch spät am Abend leise Musik gespielt.

„Schade, dass ich nichts mehr gehört habe", dachte sich Till, „dann ist die Gitarre wohl ein Geschenk", und freute sich sehr darüber.

Das Buch

Früh morgens, als Till sich gerade auf den Weg machte, fand er ein Buch und eine rote Feder im Wasser.

„Wem ist das hier herunter gefallen", rief er laut, doch niemand war weit und breit zu sehen.

„Es wird wohl ein geheimes Buch sein", dachte sich Till, „oder was anderes?"

Bei näherem Betrachten sah Till, das alles schon ziemlich verwischt und unleserlich war.

„Ach - schade", murmelte er vor sich hin, „da wird wohl niemals mehr jemand erfahren was darin stand."

Die Einladung

Am Strand entlang schwimmend, traf Till das Störpärchen, Bella und Franzl.

"Ach du machst doch so einen netten Eindruck“, sagten die beiden zu Till und luden ihn zu ihrer Verlobungsfeier ein.

„Oh - danke, danke“, erwiderte Till und freute sich schon sehr bei der Feier dabei sein zu dürfen.

Als er die zwei gerade so ansah, dachte er sich: „Ob ich bei der Feier wohl auch jemanden kennenlernen würde?“ und schwamm eilig nach Hause um sich vorzubereiten.

Die Gesundheit

Till lief schon das Wasser im Mund zusammen, als er diese schönen Trauben am Grund liegen sah.

„Endlich wurde da mal was gesundes hinterlegt", dachte er sich und nahm eine Kostprobe.

„Mmh - wie lecker", sagte Till ganz laut. „Man könnte ja auch Rotwein daraus machen", legte er noch nach.

Doch bevor irgendjemand antworten konnte, hatte er schon alle Trauben aufgegessen.

Mit vollem Bauch kehre er dann nach Hause zurück und schlief ganz schnell ein.

Das Gummiboot

Einige Tage später, als Till am Ufer vorbeikahm, entdeckte er ein leeres, rotes Gummiboot.

„Wer mag darin wohl gesessen haben?" fragte sich Till.

„Bestimmt taucht jemand hier im Wasser herum", doch weit und breit war niemand zu sehen.

„Vielleicht gehört es auch einem Angler", der etwas vergessen hatte und an Land gegangen ist.

Bevor ich Probleme kriege, schwimm ich lieber wieder zurück", sagte er sich und murmelte noch: „Ich will doch nicht in der Bratpfanne landen!"

Die Urlaubsparty

Till machte gerade ein paar Tage Urlaub, da traf er am letzten Tag drei nette, junge Buntbarsche, die gerade unterwegs waren um neue Bekanntschaften zu machen.

„Später am Abend gibt es eine große Party", sagte der eine und Till antwortete: „Hey – ja super, da würde ich gerne noch vorbei kommen."

Nach längerem Geplauder, verabschiedeten sie sich, um sich was Schönes für die kommende Party anzuziehen. Denn wie ein altes Sprichwort sagt: „Kleider machen Leute!"

Die Lieblingsspeise

„Fliegen, Fliegen, sind meine Lieblingsspeise“, quakte der Frosch zu Till, als er ihm beim Essen beobachtete.

„Na - schön für dich“, sagte Till. „Meine ist Seetang, der schmeckt so ähnlich wie Spinat. Groß und stark wird man auch davon“, sprach Till.

Doch mit einem großen Sprung war der grüne Frosch auch schon wieder fort.

„Der dachte sich sicher, dass ich Veganer bin“, vermutete Till. „Oder er konnte mit gesundem Seetang einfach nichts anfangen.“

Die Seepferdchen

„Was schwimmt denn da vor der Haustüre vorbei?" dachte sich Till.

„Wer seid ihr denn", rief er. „Seepferdchen", sagten die beiden, „wir machen eine Urlaubsreise, um auch mal andere kennen zu lernen."

„Das ist ja nett", sagte Till. „Ihr könnt gerne zum Essen bleiben und was von eurer Geschichte erzählen."

„Ja - gerne", sagten die beiden braunen Seepferdchen zu Till.

Es war noch ein interessanter Abend für alle und Till hatte auch wieder viel dazu gelernt, über das Leben anderer.

Die Kaulquappen

„Ach - wie süß“, dachte sich Till. Vier kleine, braune Kaulquappen quirlen im Wasser umher.

„Was werden die wohl, wenn sie mal größer sind?“ fragte sich Till neugierig und schwamm schnell zu Frida um ihr von den Kleinen zu erzählen.

Die meinte: „Das können nur Babys von Fröschen sein.“

Und so war das Thema mit Frida für die nächsten Stunden festgelegt, bis es mal wieder Zeit wurde schlafen zu gehen.

Der Traum

Huh - was für ein wilder Traum, Till wachte plötzlich auf.

Gerade war ihm richtig warm ums Herz. „Wie schön das war", dachte er: „In einem Herz zu schwimmen. Immer so ein tolles Gefühl zu haben wäre schön, voller Liebe und Freude."

Aber jetzt zurück zur Wirklichkeit, der Tag ist schließlich noch lange und es gibt noch viel zu entdecken.

Die Blume

Hui - hoch durch die Luft flog eine rote Blume, eine Lilie, herbei.

„Was für eine schöne Blume", dachte sich Till. Dann fiel die Lilie ins Wasser und Till schwamm schnell hinterher.

„Mhh - soll ich die einmal probieren, nur ein kleines bisschen? Oder bekomme ich dann vielleicht einen Ausschlag oder Bauchweh davon?"

Nach langem hin und her beschloss er dann doch, etwas zu probieren. Danach wurde er unsicher und beschloss schnell, Frida zu fragen.

Die Tränen

Heute ist ein trauriger Tag. Till läuft eine dicke Träne herunter.

Es geht ihm einfach nicht so gut, vielleicht hat er auch Bauchweh. Er fragt sich: „Habe ich was Falsches gegessen?"

Nach ein bisschen Ausruhen und die warme Sonne auf den Bauch scheinen lassen, ging es ihm langsam wieder besser.

Aber jetzt schnell zu Frida zurück, denn die wartet sicher schon und macht sich sonst Sorgen.

Der Handschuh

„Was liegt denn da für komischer, roter Handschuh im Wasser?" fragte sich Till.

„Den hat wohl ein Clown verloren, der Junge, der gestern hier am Ufer stand und lustige Grimassen gezogen hat."

„Wäre ich nur rechtzeitig da gewesen, hätte ich mir gerne seine Witze angehört", dachte er sich.

„Tja - man kann nicht immer der Erste sein", sagte sich Till, und ging wieder seines Weges.

Das Kaffeekränzchen

„Da macht wohl jemand ein Kaffeekränzchen", dachte sich Till, und holte schnell Frida herbei.

„Was haben die wohl hier gemacht?" fragte Till. „Ja, tea-time", sagte Frida, „das ist ein alter Brauch in England, das auf einer großen Insel liegt."

„Was es nicht alles gibt", dachte sich Till und ließ seinen Gedanken freien Lauf.

„Da habe ich wohl wieder was dazu gelernt", sagte Till zu Frida. Und so hatten beide noch viel zu lachen und schwammen gemeinsam davon.

Die Staumauer

Heute wollten Till und Frida eigentlich einen Ausflug machen, einen Fluss hinauf schwimmen.

Doch sie kamen nicht sehr weit, denn plötzlich waren die beiden vor einer hohen Staumauer, die ihnen den Weg versperrte.

Dort trafen sie einen weißen Stör, der ebenfalls vor der Staumauer wartete, doch nicht weiter konnte.

Es blieb ihnen nichts anderes übrig als wieder zurück zu kehren und auf bessere Zeiten zu warten.

Der Müllhaufen

Heute geht es Till nicht so gut, ihm ist ganz übel und schlecht. Ja sogar etwas schwindelig.

Er befindet sich in Mitten eines riesigen Müllhaufens aus Abfall und Plastik, den jemand ins Wasser geworfen hat.

Auch dem braunen Dorsch, den er traf, geht es genauso, und Frida sowieso.

Sie schwimmen schnell weiter und hoffen bald, sauberes Wasser in der Nähe zu finden, bevor noch jemand von ihnen krank wird.

Der Apfel

„Oh - fein, wie komme ich denn zu dieser Ehre", fragte sich Till, als er heute am Strand einen Tisch mit einem roten Apfel entdeckte.

„Reinbeißen oder nicht?" Das sind jetzt seine Gedanken.

Doch ein bisschen Vitamine schaden wohl nicht - und schwupp - war der erste Bissen auch schon weg.

Der Apfel war so süß und lecker, dass Till sich vorgenommen hat, in Zukunft immer Apfel zu essen.

„Ist ja auch sehr gesund und lecker", dachte er sich, und schwamm fröhlich weiter.

Der Teddybär

Am späten Nachmittag trödelte Till in Richtung Ufer. Ein Mädchen mit rotem Pullover steht dort. Hat sie ihren Teddybär verloren?

„Hallo, hallo", rief Till ihr nach, doch das Mädchen ignorierte ihn.

Aber warum hat sie ihren braunen Teddy liegen gelassen? Er konnte es überhaupt nicht verstehen.

„Du kannst ihn behalten", hörte er von weitem. „Nun, das kann nur für mich bestimmt sein", dachte sich Till, und freute sich darüber.

Warum das auch geschah, Till ist für ein Geschenk immer zu haben.

Die Meerjungfrau

Morgens wachte Till ganz früh auf. Da hörte er plötzlich etwas plantschen im Wasser.

Eilig schwimmt er zu einem grauen Felsen, dort sieht er eine wunderbare Meerjungfrau sitzen.

Ganz keck fragte Till: „Wie heißt du denn?" „Irena", sagte die Meerjungfrau ganz schüchtern.

Till bemerkte es und sprach mit liebevollen Worten: „Freut mich Irena, ich bin Till. Hoffentlich bist du öfters hier, dann können wir plaudern. Doch jetzt muss ich weiter, habe was vergessen."

Das Wasserschloss

„Sehr seltsam", dachte sich Till, als er eines Nachmittags bei einem kleinen Wasserschloss vorbeikam.

Er fragte sich: „Wer wohnt wohl da drinnen? Vielleicht andere Goldfische, so wie ich? Kann es denn sein, das es noch mehr von mir gibt?"

Till schwamm noch den ganzen Tag auf und ab. Es ließ ihm keine Ruhe, seine Gedanken spielten verrückt.

Auf dem Weg zurück zu Frida dachte er nur nach. Dort angekommen konnte er Frida endlich fragen und fand später auch eine Antwort.

Die Überraschung

„Ach - wie lustig", dachte sich Till, als ihm Paul der Wels entgegen geschwommen kam, den er noch von früher kannte.

Die beiden erzählten sich von ihren Erlebnissen und als Paul erwähnte, dass er eine hübsche Goldfisch-Dame getroffen hatte, die einen Freund sucht, war Till ganz aufgeregt.

Paul erzählte noch lange, viele Geschichten, doch Till hatte nur noch Gedanken für die Goldfisch-Dame.

Nach der Verabschiedung schwamm Till schnell nach Hause und war vor Begeisterung nicht mehr zu bremsen.

Das Herzklopfen

Jetzt ist es aber so weit, Till bekommt ein ganz komisches Herzklopfen.

So etwas hat er noch nie erlebt. Er sah nur noch Herzchen vor sich, dahinter eine Goldfisch-Dame.

Mit klopfendem Herz nahm er all seinen Mut zusammen und fragte die Goldfisch-Dame: „Wie heißt du denn?"

„Lilli" antwortete sie. „Ich komme aus der Nähe hier und wohne in einem Wasserschloss."

„Aa - wie schön", antwortete Till. „Vielleicht können wir uns ja morgen schon wieder sehen."

Das Wiedersehen

Heute ist Frida mitgekommen, um Lilli auch kennenzulernen. Zurückhaltend beobachtete sie aus der Ferne, wie Till und Lilli sich küssten.

Ewige Stunden unterhielten sich die beiden und merkten dabei gar nicht, wie schnell die Zeit verging.

„So“, sagte Till schließlich, „morgen ist auch noch ein Tag. Also meine hübsche Lilli, lass uns doch so schnell wie möglich wieder treffen.“

Und so trennten sie sich für heute mit schwerem Herzen.

Die Liebe

Einige Zeit später trafen sich Till und Lilli wieder und schwebten wie im siebten Himmel.

Die große, wahre Liebe ist da, mit unendlichen Glücksgefühlen!

„Ein Traum der niemals enden sollte", dachten sich die beiden, Till und Lilli.

Ab jetzt wollten sie sich nicht mehr trennen und nur gemeinsam, als Paar, durchs Leben gehen.

„Was für ein Tag", sagte Till und träumte schon von dem bevorstehenden Abendtreffen.

Die Hochzeit

Einige Monate später, die gelbe Sonne scheint, Till und Lilli haben sich das Ja-Wort gegeben.

Ganz heimlich, mit nur wenigen Freunden, haben sie sich zu diesem bedeutenden Ereignis alle getroffen.

Die beste Freundin, natürlich Frida, und auch der Seestern, kamen.

So ein schöner Moment, den Till und Lilli haben. Sie genossen noch den ganzen Hochzeitstag mit Spaß und Spielen und vielem, vielem mehr.

Die Kinder

Die Zeit verging, hinter zwei grünen Grasbüscheln blickten drei kleine Goldfische hervor.

Till und Lilli sind aus den Flitterwochen zurückgekehrt, die eine Ewigkeit dauerten. Im Schlepp der kleine Lars mit Brüderchen Leon und Schwesterchen Valentina.

„Was für brave Goldfisch-Kinder wir doch haben", sagte Till zu Lilli. „Doch jetzt müssen wir wieder zum Schloss zurück", meinte Lilli. „Für heute war der Ausflug lange genug. Die Kinder müssen ja zu Hause noch was lernen."

Das Glück

Ganz alleine ist Till heute schon unterwegs und dachte über die vergangene Zeit nach. Da entdeckte er ein riesiges, grünes Kleeblatt.

„Das kann mir ja nur Glück bringen, für die nächsten Jahre", dachte sich Till, und wünschte sich gleich etwas.

Mit Glücksgefühlen und Herzchen im Bauch, drehte er schnell wieder um, da er ja wusste, dass Lilli und die Kinder im Schloss auf ihn warteten.

„Yea - wie wunderbar es doch ist, nicht alleine zu sein", rief er noch ganz laut.

Das Ende

Oh - wie schnell die Zeit doch vergeht.

Die Geschichte ist nun leider zu Ende und es ist Zeit, schlafen zu gehen.

Aber mit etwas Fantasie kann sie vielleicht bald weiter gehen ...

Liebe Grüße und alles Gute,

Dein Till